JN007538

人権と自然をまもる
法ときまり **1**

くらしと
教育を
まもるきまり

笹本 潤 法律監修

藤田千枝 編　増本裕江 著

大月書店

法やきまりの成り立ち

社会にはさまざまなきまりがあります。
マナーもきまりですし、校則や左側通行もきまりです。
そのなかで、国が定めるきまりを「法」といいます。

基本となる6つの国内法

「憲法」、「民法」、「刑法」、「商法」、「民事訴訟法」、「刑事訴訟法」の6つを「六法」といい、日本社会の基本となる法です。それをもとに、さまざまな法やきまりが定められています。

① **憲法** ………… 憲法は国の「最高法規」であり、日本のすべての法律は憲法にもとづいてつくられなければなりません。憲法で定められている内容に反する法律や命令は無効となります。法律は国民がまもらなければならないきまりですが、憲法は国家権力がまもらなければならないきまりです。

② **民法** ………… 家族や財産などのことで、もめごとが起きたら、どう解決するかを定めた法律です。

③ **刑法** ………… どのようなことが犯罪になるのか、また犯罪に対してどのような刑罰を与えるのかを定めた法律です。

④ **商法** ………… 株式会社などの企業や商取引についてのきまりで、民法のなかの特別な法律です。

⑤ **民事訴訟法** …個人や会社のあいだに起きたもめごとを解決するための、裁判のすすめ方を定めた法律です。

⑥ **刑事訴訟法** …罪を犯した人を裁き、刑罰を与える裁判のすすめ方を定めた法律です。

法ときまりのピラミッド

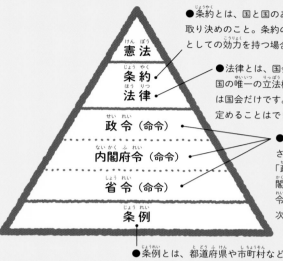

●条約とは、国と国のあいだで結ばれる取り決めのこと。条約のなかには国内法としての効力を持つ場合があります。

●法律とは、国会で制定される法のこと。国会は国の唯一の立法機関であり、法律を制定できるのは国会だけです。ただし、憲法に違反する法律を定めることはできません。

●命令とは、行政機関によって制定される法のことで、内閣が定める「政令」、内閣総理大臣が定める「内閣府令」、各省の大臣が定める「省令」などがあります。政令は法律に次ぐ効力を持っています。

●条例とは、都道府県や市町村などの議会で制定されるきまりのこと。法律に違反する条例を定めることはできませんが、その地方独自のきまりがたくさんあります。

国際法

国際法とは国と国の間で結ばれる取り決めで、条約と国際慣習法があります。

① **条約** ………… 文書による国家間の取り決め。これには「条約」や「協定」のほか「規約」「憲章」「議定書」などがあります。条約には二国間条約（日米安全保障条約など）と、多国間条約（国連憲章、核兵器禁止条約、WTO協定など）があります。

② **国際慣習法** … 国際社会でくり返されてきた慣行が、多数の国家によって認められて、国際的なルールとなったもので、取り決めを定めた文章はありません。公海を自由に航行できること、互いの領土に侵入しないこと、亡命者を保護すること、外交官に与えられている特権などがあります。

くらしと教育を
まもるきまり

もくじ

4

切っても
いいかな？
となりから
伸びてきた枝

● 民法　233条
　根は、切ることができる。

● 民法　89条
　実は木の所有者のものである。

5

道路の木の枝にも
きまりがあります。

枝が電線に
さわらないよう
にします。

信号や標識、
照明をかくさない
ようにします。

定期的に
枝を切って、
ととのえます。

車両のじゃまに
ならないように、
ある程度の空間を
保つようにします。

街路樹

歩行者や家
などに枝が
かからない
ようにします。

建築限界
4.5m

建築限界
2.5m

車道

歩道

● 道路構造令 第12条
　　道路のまわりに物（道路の付属物）を置いてはいけない空間（建築限界）がある。

● 道路交通法 第2条
　　街路樹も信号も道路の付属物である。

● 道路管理法 第3章
　　道路によって管理するところはどこか決まっている。
　　国道は国が、県道は県、市道は市、町村道は町村、私道は個人や会社が管理する。

● 空き家等対策の推進に関する特別措置法

となりから伸びた木の枝は、となりの人の持ち物

　となりの木の枝が、自分の家の庭に伸びてきている。越えてきた枝はとなりの家の持ち物（権利のあるもの）なので、自分で勝手に切る（解決する）ことはできない。自分に不利なことでも、勝手に解決しないで法律に従うことになっているからだ（民法233条）。ではどうするか？　法律では、木の持ち主であるとなりの人に枝を切ってもらうことになっている（民法233条）。ただし、何も害を受けていないのに、切ってくれと要求するのは権利の乱用になる。枝が自分の家の屋根やアンテナにあたってこわれそうとか、駐車場に車を入れるときに邪魔になるなどの被害が出たり、または出るおそれがある場合にかぎられる。

 ## 落ちた木の実もとなりの人の持ち物です。

　もし、越えてきた枝に実がなっていても、勝手にとることはできない。実を収穫する権利は木の持ち主にあるからだ（民法89条）。その実が自分の庭に落ちてもとってはいけない。

　一方、地中をのびてきた根はとなりの人に断らずに勝手に切ってもいい（民法233条）。竹の場合には、生えてきたタケノコをとってもいい。

　となりが空き家で所有者がわからないこともある。その場合は、自治体に相談して解決する（空き家等対策特別措置法）。

木の枝が道路にはみ出したら どうするの？

　道路をつくるときは、自動車や歩行者の交通の安全のための空間を確保しなければならない。それを「建築限界」（道路構造令第12条）といい、範囲が決まっている。6pの図のように、歩道では歩行者の、車道では背の高いバスでもじゃまにならないような範囲だ。信号や標識、電線もこの範囲には設置できない。私有地からこの範囲にのびている枝は所有者が切り、街路樹は道路管理者が切ることになっている。

 ## 街路樹には、安全・景色・防火などの役割がある

　街路樹は、道路の保全や安全のために設置しているもので、信号や標識と同じ道路の付属物である（道路交通法第2条）。街路樹は、歩道と車道をわけることで安全性を高め、季節ごとの景色や日かげをつくる、火事が広がるのを防ぐなどの役割がある。街路樹にイチョウの木が多いのは水分をたくさんふくんでいるからだ。

　こうした街路樹は、道路管理者が手入れをしている。歩道の落ち葉は、近所の人や自治会・ボランティアが協力して処分している。落ち葉を集めて市役所へ持って行くと、代わりに落ち葉でつくった肥料（堆肥）をくれる自治体もある。

　ドイツでは、歩道の落ち葉の掃除は道に面した土地の所有者が、道路は市と契約している清掃会社が行う。

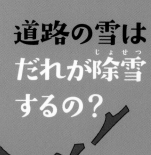

道路の雪は
だれが除雪
するの？

北海道網走市の歩道用除雪車

積雪地域・寒冷地域

積雪地域

寒冷地域

その他の地域

● 積雪寒冷特別地域における道路交通の
確保に関する特別措置法（雪寒法1956年）

雪が多く積もり寒さがきびしい地域では、生活に必要な道路（雪寒道路）を決めて除雪し、その費用を国や自治体が補助する。

● 豪雪地帯対策特別措置法

豪雪地域を決め、産業や生活のために国や自治体が援助する。

● 道路法　第42条

道路管理者は、道路をよい状態に維持管理しなければならない。

● 災害救助法

災害と認めて、国や自治体が援助する。

雪かきは、
市と市民で分担して

札幌市では、流雪溝（道路の下に水路を設け、そこに河川水や下水道処理水などを流して、雪を河川まで運ぶ）、融雪溝（雪をとかすためだけに作られた溝）、消雪パイプ（道路に水をまいて雪をとかす装置）、地中熱利用などの整備をすすめている。排雪（雪を雪置き場まで運ぶ）も自分で、また地域と協力して、業者にたのんだりしている。

日本は世界一の豪雪国、
そのための法律がある

　日本は世界一の豪雪国で、雪の多い地域にたくさんの人が生活している。10万人以上の都市のなかで積雪量の世界1位は青森市（28万人）、そして札幌市（200万人）が2位だ。9pの地図は、積雪量や寒さがはげしい地域を定めたものだ（雪寒法）。

　これらの地域では、交通の確保が必要な道路（雪寒道路）を決めて、除雪や凍結防止などの費用を国や自治体が補助することになっている。雪寒道路は、現在15万kmにもおよんでいる。

豪雪地帯は国土の
51％を占める

国は、大量の雪が降り積もる地域を
「雪寒法」とは別に「豪雪地帯」と指定
していて、国土の51％を占めている。
そのうち、とくに雪が多い地域を
「特別豪雪地帯」という。

■ 特別豪雪地帯
■ 豪雪地帯

道路の雪は国や自治体が除雪する

　道路管理者は道路をよい状態に保つようにしなければならない（道路法第42条）。そのため、国も自治体も道路に優先順位をつけて、除雪計画を立てている。除雪が不可能な道路は、通行止めにする。

　高速道路は、高速道路会社などが除雪の費用の負担をする。また、チェーンをつけていない車を通行止めにしたり、スピード規制する。自治体の道路は、大きな道路や通学路を優先的に行う。新雪の除雪が基本で、夜中から早朝にかけて行う。排雪（除雪した雪を指定の場所へ運ぶ）や凍結防止剤をまいたりする。

生活まわりの雪は市と市民で

　札幌市では市民と行政が雪かきの役割分担をしている。国や自治体は、新雪が基準を上回ると機械で除雪できる幅の広い通学路や通勤路などに出動し、通学路や中心市街地、福祉施設などのまわりを除雪する。駅や公共施設周辺など、歩行者の多い場所は積雪が10cm以上になったら除雪する。除雪車は道路の雪をかき分けていくだけなので、家の前に残った雪は住民や地域が除雪する。

　こうした作業を業者だけでなく自治体、地域、除雪ボランティアなどが協同で行っている。

犬のふんをその
ままにしておくと
罰金をとられる
ことがある

- **軽犯罪法 1条**
  ふんは「汚物」で、公共の場にすてると
  拘留または罰金をとられることがある。

- **動物愛護管理法 第7条**
  動物の飼い主は、周りに迷惑をかけてはいけない。

- **廃棄物処理法 第2条**
  動物のふん尿などはいらないもの、廃棄物である。

- **都道府県の動物愛護および管理条例**
  ふんを、公共の場にすててはいけない。

- **市町村のふん害等防止条例など**
  ふんを、公共の場にすてると罰金をとられることがある。

13

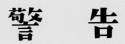

警告

犬のふんの放置は、条例違反です。

枚方市では「枚方市ポイ捨てによるごみの散乱及び犬のふんの放置の防止に関する条例」により、犬のふんの放置を禁止しています。また、市の措置命令に従わない場合は、**2万円以下の罰金**に処せられることがあります。

地元自治会・枚方市

大阪府枚方市のポスター

埼玉県志木市のポスター

犬のふんがどんな法律に違反するの?

　犬の散歩中に、ふんをそのままにして回収しないと、飼い主は法律や自治体の条例に違反する。犬のふんは法律で「汚物」とされていて、公共の場に勝手にすててはいけないことになっているからだ(軽犯罪法1条)。

　また、法律で動物を愛護し、まわりに迷惑をかけないようにすることが飼い主に義務づけられている(動物愛護管理法)。それをもとにした条例(動物愛護条例)が44の都道府県にあり、「飼い主は公共の場を汚物で汚さないようにする義務がある」と定められている。

 ## 飼い主にふんの後始末を義務づけた条例は少ない

　こうした条例には「飼い主はふん便で汚さないようにしなければならない」(京都府)。「動物の汚物で汚さないこと」(広島県)。「ふん尿その他の汚物で汚さないような措置をすること」(島根県)などと書いてあっても、「ふんの回収や後始末をしなければいけない」としているものは少ない。そのなかで栃木県の条例では、「散歩のときは汚物を処理する道具を持ち歩いて、汚物を処理すること」としている。ほかに、北海道、千葉県、山口県の条例では、「ふん尿などで汚したら必要な措置をするように」と書いてある。だが、いずれも努力義務で罰則はない。

ふん害等防止条例、あなたの街にはありますか?

　市町村へのペットの苦情のなかでは、ふん尿が一番多い。そのため、特別に犬のふんの放置や回収について「ふん害等防止条例」を定めていて、14pの看板のように、「2万円以下の罰金を取る」と警告している自治体もある。あなたの住んでいる自治体はどうなっているか調べてみよう。

　海外では、犬の愛護と管理にはとても厳しい。スイス、ドイツ、イギリス、パリなどには罰金があるし、スイスやドイツにはペット税もある。スペインのブルネテのように、犬のDNAを登録して、ふんを飼い主に送り返すところもある。

マナーとしてよびかける「イエローチョーク作戦」

イエローチョーク作戦

　道路に残されたふんを黄色のチョークで丸く囲み、日時を書いておく。これをつづけるだけで、結構な効果がある。2016年から宇治市(京都府)がはじめた方式で、多くの市町村に広がっている。

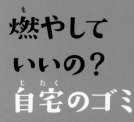

燃やしていいの？自宅のゴミ

ドラム缶や
簡易焼却炉で焼く

穴を掘って
焼く

ブロックを
積んで焼く

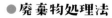

● **廃棄物処理法**
有毒なダイオキシンが発生しないように、
ゴミは焼却炉のなかで800度以上の温度で燃やさなければならない。

● **廃棄物の処理及び清掃に関する法律 16条の2**
特別な場合以外には廃棄物を燃やしてはいけない。

火をたいてもいい場合が決められている

農業や林業で
わらや枝を焼く

キャンプファイアー

庭で落ち葉を焼く

どんと焼き

そのほか、川や道路で伐採した草や木、
災害時の廃棄物の処理。

● 廃棄物の焼却禁止の例外の通知(政令)
　　野焼きをしてもよい場合について定められている。

● 消防法第2章第3条
　　火災の予防　たき火をするときには消火の準備をすること。

外でゴミを燃やすのは原則禁止になった

1999年、屋外でゴミを燃やすこと（野焼き）は、一部の例外を除き禁止された（廃棄物の処理及び清掃に関する法律16条）。また、2002年からは、かんたんな家庭用焼却炉は基準を満たさないために使用できなくなった（廃棄物焼却に伴うダイオキシンの排出を削減するため、廃棄物処理法）。穴やブロック囲み、ドラム缶などで燃やすことも禁止された。

 ## ダイオキシンの害が禁止の理由

禁止の理由はダイオキシンだ。ダイオキシンは、塩素をふくむ物を不完全に燃やすと発生する有害物質で、発がん性があるとされている。紙にはつくるときに使う漂白剤の塩素が残っているし、プラスチックやビニールにはもともとの原料に塩素が、落ち葉には自然界の塩素がふくまれている。

日本では1983年に自治体のゴミを焼却したあとの灰からダイオキシンが見つかった。焼却炉のなかの温度が800度以下ではダイオキシンが発生することがわかり、それ以下の温度でゴミを燃やすことが禁止されたのだ。学校にあった小さい焼却炉や、自治体の焼却炉も基準を満たさないものは停止し、解体されることになった。現在使われている自治体の焼却炉は、すべて基準を満たすものになっている。

ゴミを燃やしてもいい場合が定められている

　しめ縄を燃やす伝統や慣習、キャンプファイアーなどの場合は、屋外で物を燃やしてもいいとされている。ただし、消防署への届け出が必要になる。家庭で木のくずや木の葉を燃やす場合は、少しだけなら認められるが、ドラム缶や焼却炉まで使うような場合は、多くの自治体が認めていないので、市町村役場に問い合わせて確かめたほうがいい。

　また、燃やす本人がこの程度ならいいと思っていても、迷惑行為になることがある。住宅環境によっては、洗濯物にススがつく、煙が立ち込める、においがくさい、ぜんそくを引き起こすなど、苦情が出る場合がある。また、わずかなものでも、ひんぱんに行うと問題となる。これらの場合には自治体が中止を言い渡すことがある。

 ## 燃やすときは消火の準備をしておくこと

　さらに、燃やす場合には火災に注意することが義務づけられている。消火の準備をし、火が消えるまでその場を離れないこと。できるだけ住宅などから離れた場所で、風向きや時間帯も考えて、燃やすのは少しの量にしなければならない、などだ（消防法・火災の予防）。

お金がなくても
学校に行けます

● **憲法26条**

子どもは能力に応じてひとしく教育を受ける権利がある。
保護者は普通教育を受けさせる義務があり、義務教育は無償である。

● **教育基本法4条**

人種、信条、性別、社会的身分、経済的地位や出身によって、教育上差別
されない。国及び地方公共団体は、障害に応じ支援をしなければならない。

● **義務教育諸学校の教科用図書の**
  無償措置に関する法律

国は無償で教科用図書を与える。

● **学校教育法19条**

経済的に困っている保護者に対して市町村は援助しなければならない。

保護者が負担する
1年間の学習費

公立の義務教育の授業と教科書は無料だが、給食費や修学旅行費などは
保護者負担となる。（平成28年度子供の学習調査　文部科学省）

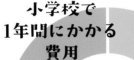

小学校で
1年間にかかる
費用

学校教育費
60,043円

合計
322,310円

学校給食費
44,441円

学校外活動費
217,826円

中学校で
1年間にかかる
費用

学校外活動費
301,184円

学校教育費
133,640円

合計
478,554円

学校給食費
43,730円

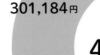

義務教育は、授業料も教科書も無料

　憲法（26条）では、子どもはだれでも教育を受ける権利を保障されていて、保護者には子どもに普通教育を受けさせる義務があり、義務教育（9年間の普通教育）は無料であると定めている。さらに、教科書は国から無償で毎年もらえる（義務教育諸学校の教科用図書の無償措置に関する法律）。そのために、義務教育にかかる授業料と教科書代は税金でまかなわれている。学校を作り運営する費用や、教師の給料などをふくめると、公立学校の生徒一人あたり1年間にかかる教育費は、小学生・87万6000円、中学生・101万5000円になる（平成28年度）。

　外国籍の子どもには、学校に通う義務はないが、希望すれば公立の学校に入学できる（子どもの権利条約、児童の権利に関する条約）。授業料や教科書が無料になるなど、どこの国の子どもであっても、教育条件は日本の子どもと同じである。

授業料、教科書以外にかかる学校費用がある

　義務教育はすべてが無料ではない。22pのグラフのように、修学旅行積立金（学校教育費）や給食費、それに学校の外での活動費（学習塾や習い事）にもお金がかかる。保護者が1年間に負担している費用は、平均で公立小学校・32万2310円、公立中学校・47万8554円にもなる（平成28年）。

経済的にこまっている家庭には、さまざまな援助がある

　経済的理由によって学校に通わせることができない家庭には、国や市町村が援助する義務がある（教育基本法4条、学校教育法19条）。「就学援助制度」と言って、現在、小中学生の15％が利用している。4月に学校で全員に申請書が配られることになっているが、くわしくは学校の事務の人に聞けばわかる。自治体によって援助の金額がちがうけれど、学用品、体育用具、通学費、修学旅行費や校外活動費、医療費、学校給食費、クラブ活動や生徒会やPTA会費など、さまざまな費用の援助を受けることができる。

 ## 高校生に対する補助金制度

　高等学校に通う生徒には、国が授業料として学校に支給する就学支援制度がある。公立の全日制の場合は月額9900円、定時制は2700円、通信制には520円だ。私立の場合は所得に応じて支給される。文部科学大臣が認定した外国人学校や海外の教育施設の高等部の生徒も受けることができる。国だけでなく自治体でも援助しているところもある。

　学校外の活動に対しては、無料の塾や、オンライン塾、塾の費用の援助やチケットを配ったり、スポーツ活動や習い事のクーポンを配って支援している自治体もある。

登校しなくても、卒業できます

習いごと

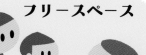

フリースペース

フリースクール

学校

● **学校教育法 第1条**

学校とは、小学校、中学校、高等学校、大学、盲学校、聾学校、養護学校と幼稚園である。

● **学校教育法 第2条**

1条の学校は国や地方公共団体と法人が設置することができる。

● **教育基本法 2章**

保護者は子どもに9年間の義務教育を受けさせる義務がある。

● **義務教育の段階における普通教育に相当する教育の機会の確保等に関する法律**

不登校の子どもたちに、教育を受ける権利を十分に確保する。夜間中学などでも学べる。

小学生は144人に1人、中学生は27人に1人が不登校

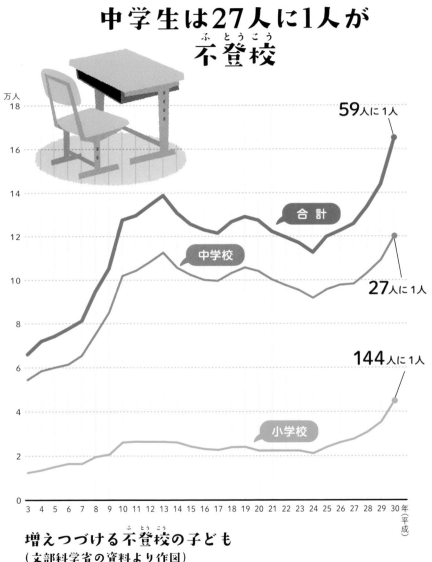

増えつづける不登校の子ども
（文部科学省の資料より作図）

公立のどの学校に通うかは決められている

　子どもは教育を受ける権利があり、義務ではない。保護者は教育を受けるのを妨げることはできず、受けさせる義務がある（教育基本法2章）。この「教育」に当たるのが、小学校と中学校、計9年の義務教育である（病弱などのやむをえない場合を除く）。こうした学校の多くは市町村がつくっていて（教育基本法）、生徒の人数がかたよらないように、交通の安全面と便利さをふくめて、通う学校を指定している。

　また、学校を選べるところ（学校選択制）もある。いじめ、人間関係、不登校などを理由に転校を許可している自治体もある。もちろん、私立学校を選ぶこともできる。

不登校でも教育は受けられるし、卒業もできる

　また、何かの事情でどうしても、学校に行きたくない、行けない場合には、フリースクール、教育支援センター、塾、家庭教育など、いろいろな方法がある。

　2016年、不登校の子どもたちのための法律（教育機会確保法）ができ、学校外で教育を受けていても校長が認めれば、学校に通ったことになり（在籍扱い）、卒業が認められる。通学定期券も使えるし、高校へ進学する場合には、入試に不利にならないように考慮されることもある。

夜間中学で義務教育の学びなおしができる

　夜間中学（中学二部）は、戦後の混乱期に経済的な理由などから、昼間は学校に通えない子どものために設けられた夜間学級がはじまりだ。2016年に教育機会確保法が制定されて、各都道府県に1校は公立の夜間中学を設置することになった。

　2019年4月現在、9都道府県に33の夜間中学がある。新設準備がはじまった県もあるが、まだまだ少ない。卒業すれば義務教育終了と認められる。

 ## 外国籍や不登校の子どもの学びの場

　現在、夜間中学の8割は外国籍の生徒だ。また、不登校などで十分な教育が受けられないまま中学校を卒業した人の学びなおしの場にもなっている。

　外国籍の子どもの親に対する日本語指導や、ボランティアによる通訳、やさしい日本語に置き換えて伝えるといった取り組みもはじまっている。また、親自身が夜間中学へ入学する場合もある。

　各種学校のなかには、インターナショナルスクールや朝鮮学校、中華学校などの外国人学校がある。通常の学校とは区別されるが、教育委員会や都道府県知事が認めた教育施設だ。

親が子どもに暴力をふるうことは法律で禁止（きんし）されている

- ● 児童虐待の防止等に関する法律
  親は子どもに、しつけの時にも体罰をしてはならない。
  放置、性的や心理的な虐待をしてはいけない。
  虐待を受けたと思われる場合通報しないといけない。

- ● 傷害致死罪
  わざと暴力をふるい、暴力で死なせてしまう犯罪

「虐待かも」と思ったら、
いち・はや・く「189」番
児童相談所の無料電話へ。

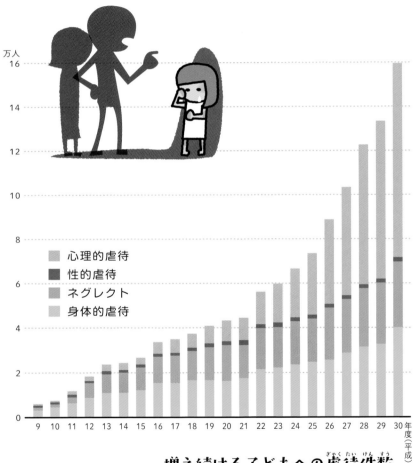

増え続ける子どもへの虐待件数
（厚生労働省報告より作図）

凡例:
- 心理的虐待
- 性的虐待
- ネグレクト
- 身体的虐待

縦軸: 万人（0, 2, 4, 6, 8, 10, 12, 14, 16）
横軸: 9 10 11 12 13 14 15 16 17 18 19 20 21 22 23 24 25 26 27 28 29 30年度（平成）

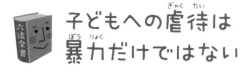

子どもへの虐待は暴力だけではない

　児童虐待は、親が子どもに対して、たたいたり殴ったりして暴力をふるうことだ。こうした身体的虐待のほかに、ネグレクト（家に閉じ込める、食事を与えない）、性的虐待（子どもに性的な行為をする）、心理的虐待（言葉でおどしたり、無視、兄弟の間での差別、子どもの目の前で家族に暴力をふるう）があり、それらが重なることも多い。

　30pのグラフは平成30年までの、児童相談所が対応した虐待の件数とその内容だ。20年間で23倍に増え、1年間に16万件も起きている。増加の原因は、虐待そのものが増えていることにくわえて、相談できる場所、通報が増えていることもある。グラフを見ると、虐待の半分は心理的虐待だ。性的虐待は隠してしまう傾向が強いので表にあらわれにくい。

まわりの人は通報する義務がある

　虐待を受けている子どもは、「自分が悪い」と思っているケースが多く、自分で通報するケースはまれだ。まわりの人は「虐待かな」と思ったら、通報する義務（児童虐待に係る通告）がある。わざとでなければ、まちがっていても罪には問われないし、誰が通報したかはわからないようになっている。いち・はや・く「189」番　児童相談所の無料電話へ。

2019年、「しつけ」としての体罰は禁止になった

　親は子どもに対して「しつけ」として暴力をふるう。どこまでがしつけで、どこからが虐待なのかという区別はむずかしいが、子どもが虐待で死亡する事件が増えて、2019年に「親がしつけとして体罰をすること」を法律で禁止した（児童虐待防止法改正）。しかし、親が子どもを養うときに、子どものためになるからと懲戒する（こらしめる）ことができる（民法　親権と懲戒権）。この法律は、まだ改正されていない。

児童相談所、学校、警察などがチームになって…

　児童相談所はすべての都道府県や、政令指定都市などに設置されている。この20年間で相談件数が23倍に増えたのに、職員（児童福祉司）は約2倍にしか増えていない。また、職員が必ず児童虐待の専門家というわけでもない。
　人手不足の児童相談所にすべてをまかせっきりにするのではなく、養護施設、児童相談所、警察、学校、市町村、近所、保健所などが、法律を味方に、その子ども1人に対しチームで取り組んでいくことが求められている。まして、子どもたちを保護する施設でのいじめや虐待などは、決してあってはならない。そして親には、時間をかけたていねいな支援が必要だ。

いじめは犯罪です、14歳以上は大人と同じ罰を受けます

●いじめ対策推進法

学校や教育委員会は、いじめ防止の対策をたて、安心して学習その他の活動に取り組むことができるようにする。もしも起こった時は、連携して対策をとる。

●いじめ対策推進法 19条

国と自治体は、子どもがインターネットでいじめに巻き込まれていないか監視する機関や取り組みを支援する。インターネットでいじめを受けている子どもと保護者は、情報の削除などについて、法務局などの協力を求めることができる。

どんないじめが多いか （2018年 文部科学省・重複回答）

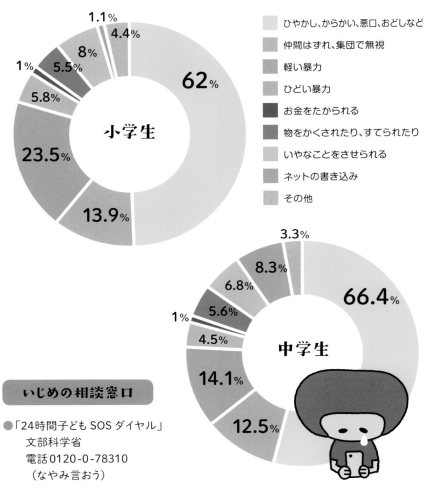

凡例
- ひやかし、からかい、悪口、おどしなど
- 仲間はずれ、集団で無視
- 軽い暴力
- ひどい暴力
- お金をたかられる
- 物をかくされたり、すてられたり
- いやなことをさせられる
- ネットの書き込み
- その他

小学生
- 62%
- 13.9%
- 23.5%
- 5.8%
- 1%
- 5.5%
- 8%
- 4.4%
- 1.1%

中学生
- 66.4%
- 12.5%
- 14.1%
- 4.5%
- 1%
- 5.6%
- 6.8%
- 8.3%
- 3.3%

いじめの相談窓口

- ●「24時間子どもSOSダイヤル」
  文部科学省
  電話0120-0-78310
  （なやみ言おう）

- ●「子どもの人権110番」法務局など
  電話0120-007-110

- ●「チャイルドライン」NPO法人チャイルドライン支援センター
  https://childline.or.jp/　電話0120-99-7777
  チャット　https://childline.or.jp/chat/

- ●「ストップいじめ！ナビ」
  https://stopijime.jp/

いじめ防止対策推進法ができた

2011年、大津市で中学2年生の生徒がいじめが原因で自殺した。学校はいじめはなかったとして、隠したり、責任逃れをしたことがわかり、大問題となった。これがきっかけとなって、2013年に「いじめ防止対策法」が制定された。

この法律は、自治体と学校に対して、いじめを早期に発見し、相談できるような体制をつくることを義務づけている。

いちばん多いのは「ひやかし、からかい、悪口、おどし」

いじめの件数は、1年間に54万3933件起きていて、そのうち小学校が42万5844件、中学校が9万7704件、高等学校が1万7709件となっている（2018年）。

いじめで一番多いのは、「ひやかしやからかいなど」で全体の6割を超える（34pのグラフ）。ネットへの書き込みによるいじめは、小学生には少ないが、中学生になると8倍に増えている。高校生になると、さらにその2倍になる。

いじめた子どもに対して、学校は調査を行い、対処しなければならない。児童相談所や警察などと連携して対応することもあり、14歳以上の子どもには大人と同じように、傷害罪が科される場合がある。しかし、処罰するだけでなく、専門家をまじえて、いじめた子どもに対してケアをすることも大切だ。

ネットいじめ、ひとりで悩まずに　保護者や教師に相談

　ネットでのいじめの件数は、ここ数年増えつづけている。保護者や教師が気づきにくくて、だれが書き込んでいるのかわからないので、対応が遅れがちになる。

　しかし、子どもの場合は、発信者が同じ学校の生徒である場合が多いので、保護者や教師と相談すれば、たいていの場合、相手を見つけて対処することができる。

書き込みの削除や発信者がだれかも特定できる

　人権侵害にあたるような書き込みは、法務局などの協力を得て、プロバイダに対して削除を依頼したり、発信者がだれかをたしかめて、損害賠償を請求することもできる（特定電気通信役務提供者の損害賠償責任の制限及び発信者情報の開示に関する法律）。その場合、ブログなどを保存しておけば証拠になる。

　ネットでいじめられている子どもは、だれにも言えず、ひとりで悩んでいるうちに精神的に大きなダメージを受け、自殺につながることさえある。初期のうちに対応するために、国や地方公共団体は、ネットいじめに巻き込まれていないか監視する「ネットパトロール」の取り組みを支援し、体制の整備をすすめている（いじめ防止対策推進法第19条）。

スポーツには、
してはいけない
きまりがある

- ● 世界アンチ・ドーピング規定
- ● スポーツ基本法 第29条
  ドーピング防止活動の推進。
- ● 運動部活動での
  指導ガイドライン（2013年）
  運動部活動での指導者の体罰の根絶。
- ● 体罰根絶全国共通ルール
  運動部活動での体罰を行った指導者は、
  1年間高体連主催大会には出場できない、役職も解く。
- ● スポーツ界における暴力行為根絶宣言

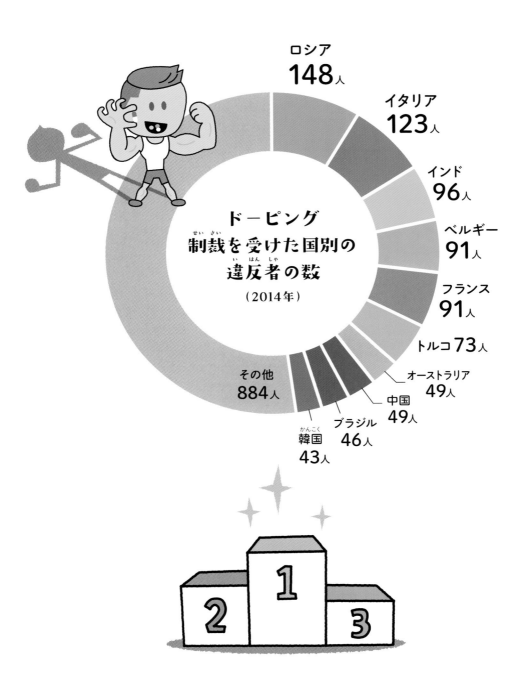

ドーピング
制裁を受けた国別の
違反者の数
（2014年）

ロシア
148人

イタリア
123人

インド
96人

ベルギー
91人

フランス
91人

トルコ73人

オーストラリア
49人

中国
49人

ブラジル
46人

韓国
43人

その他
884人

薬で筋力強化をするのは
ドーピング違反で出場停止

　ドーピングとは、薬物を使って競技能力を高め、それを隠して競技に出て、自分だけが勝とうとする行為だ（世界アンチ・ドーピング規定）。もともとは、興奮剤や麻薬を使っていたが、現在は筋肉を増やしたり、持久力を高めたりする薬が多い。薬を飲むだけでなく、輸血や点滴によるものもある。

　選手は競技会や、私生活でも尿や血液を検査される。拒否すれば違反になる。違反すれば、選手だけでなくコーチなどスタッフも制裁を受ける。2019年、ロシアが検査のときに血液や尿をすり替えていたことが判明し、WADA（世界アンチ・ドーピング機構）は、以後4年間、ロシアの主要な国際大会への参加を禁止した。

　38ｐのグラフは、ドーピング違反者数のグラフだ。ロシアがいちばん多く、次いでイタリア、インドとつづく。11年間に20万〜30万件の検査があり、そのうちの約1.3％が違反だった。日本は2018年度に6件の違反があった。

禁止薬物は選手のからだに
害をあたえる

　ドーピングは、スポーツのフェアプレーの精神に反し、公平・公正でないだけでなく、禁止薬物は選手のからだの害になることがわかっている。市販のかぜ薬や漢方薬、サプリメントに、禁止薬品が入っていることもあるので注意が必要だ。

スポーツにおける体罰は法で禁止されている

　本来スポーツは楽しむものであり、だれでも公平にスポーツをする権利がある。法律は、スポーツをする者の心身の健康と安全を保障している（スポーツ基本法第2条）。

　だが、日本のスポーツ界には、古くからの根性論や精神論が根強く残っており、選手のためだとして、指導者や先輩などからしごきや体罰がおこなわれてきた。暴力だけでなく、激しく叱られたり、ミスしたことへの罰もある。

体罰でつぶされるスポーツ選手もいる

　残念ながら、学校の部活動でも、子どもが強くなるためなどと誤った指導がまかり通ってきた。2013年、高校生が部活中に指導者からの体罰を受けて自殺した事件が起きた。この後、文科省は運動部の指導者による体罰の根絶を訴えた（運動部活動での指導ガイドライン）。スポーツ界も指導者、先輩だけでなく、すべての暴力行為の根絶宣言を出すなど、体罰や暴力をなくす取り組みを強化している。

　だが、その後もスポーツ界では暴力やパワーハラスメントがあとを絶たない。体罰によって選手本来の力が出せなくなり、つぶされる選手も少なくない。また、引退後も心理的な後遺症に苦しむ選手もいる。

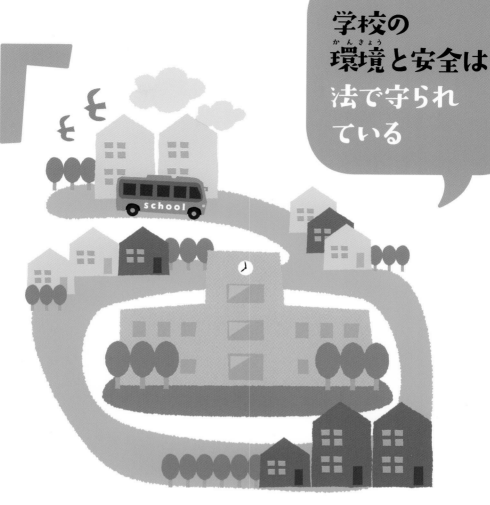

学校の環境と安全は法で守られている

- **教育基本法 第6条**

  法律で定める学校は、公の性質をもち、国、地方公共団体、法律に定める法人だけが設置できる。

- **学校教育法 第1条**

  学校とは、幼稚園、小学校、中学校、義務教育学校、高等学校、中等教育学校、特別支援学校、大学及び高等専門学校である。

- **学校教育法 第2条**

  1条の学校は国（国立）や地方公共団体（公立）と法人（私立）が設置することができる。

- **学校教育法 第124条、第134条**

  専修学校（第124条）と各種学校（第134条）は、正規の学校であるが、1条で定める学校には含まれない。

- **省令 学校設置基準**

- **風営法**（風俗営業のための法律）

- **災害対策基本法**

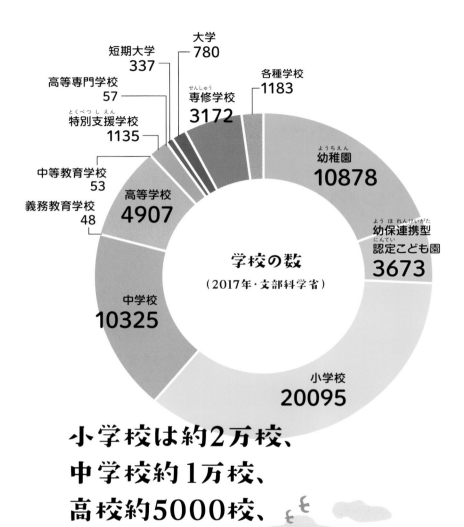

短期大学
337

高等専門学校
57

とくべつし えん
特別支援学校
1135

中等教育学校
53

義務教育学校
48

高等学校
4907

大学
780

せんしゅう
専修学校
3172

各種学校
1183

ようちえん
幼稚園
10878

よう ほ れんけいがた
幼保連携型
にんてい
認定こども園
3673

学校の数
（2017年・文部科学省）

中学校
10325

小学校
20095

小学校は約2万校、
中学校約1万校、
高校約5000校、
大学約780校

学校の近くに工場や ゲームセンターを建ててはいけない

　学校とは、幼稚園、小学校、中学校、義務教育学校 (小中一貫校)、高等学校、中等教育学校 (中高一貫校)、特別支援学校、大学と高等専門学校と法律で決められている (学校教育法1条)。保育園 (正式名は保育所) は学校ではなく児童福祉施設 (児童福祉法) にあたる。学校には、国が設置する国立学校、地方公共団体が設置する公立学校のほかに、法人が設置する私立学校がある。専修学校と各種学校は正規の学校だが、1条で定めている学校とは区別されている。

　学校は、教育基本法に基づいて教室、図書室、保健室、職員室などが整備されていて、安全で衛生的でなければならない (省令学校設置基準)。そのため、学校の近くに工場を建てることはできない (都市計画法)。また、キャバレーやパチンコ店、ゲームセンターなどを学校の近くにつくることはできないことになっている (風俗営業のための法律)。

校舎の耐震化がすすみ、 通学路の安全を確保している

　東日本大震災を経て、地震、津波災害に対する安全性の確保がすすめられて、2019年、公立の小中学校の建物の耐震化率は99.2％になった。また、通学路は、学校とPTA・地域・警察が相談して、安全面を考えて決められている (学校保健安全法　第27条、第30条)。

公立学校の91%が 避難所に指定されている

　学校は、被災者を受け入れる規模があること、速やかに生活物資を配布できること、想定される災害の影響が比較的すくない場所にあること、車による輸送がしやすいことなどから、公立の学校の91.2％（2019年）が避難所に指定されている（緊急避難場所のみは対象外）。避難した住民などを災害の危険性がなくなるまで滞在させ、また災害で家に戻れなくなった住民などを一時的に滞在させるための施設として、市町村長が指定している（災害対策基本法第49条の7）。

 ## ほとんどの公立学校には 防災倉庫がある

　避難所としての役割をはたすために、学校には断水や停電の時にも対応できるような設備が必要となる。避難所指定の学校は、防災倉庫（学校全体の78.1％）、飲料水（73.7％）、非常用発電機（60.9％）、LPガスなど（57.1％）、災害時利用通信（80.8％）、断水時のトイレ（58.3％）などの設備を備えている（2019年）。

　学校を避難所として運営するうえでは、職員のいない場合にだれがカギを開け安全を確認できるのか、授業再開へ向けてのすすめ方、プライバシーやバリアフリー面などの課題があるが、すでに地域の防災訓練に組み込まれていて、学校と地域との協働がすすめられている。

国民は
税金を払う
義務がある

国民や会社

わたしたちが納めた税金など

公共施設・公的サービス

国の収入

国の支出

予算案を
提出

話し合いで
決定

内閣

国会

- **日本国憲法 第30条**

  国民は税をおさめる義務がある。

- **日本国憲法 第84条**

  新たに税をつくったり変更するには、
  法律と法律の定める条件によること。

- **租税法**

  税に関する法律をまとめて、どのような
  税があり、どのように徴収するのかを
  定めている。

- **消費税法 第1条2項**

  消費税収の使途の明確化。

45

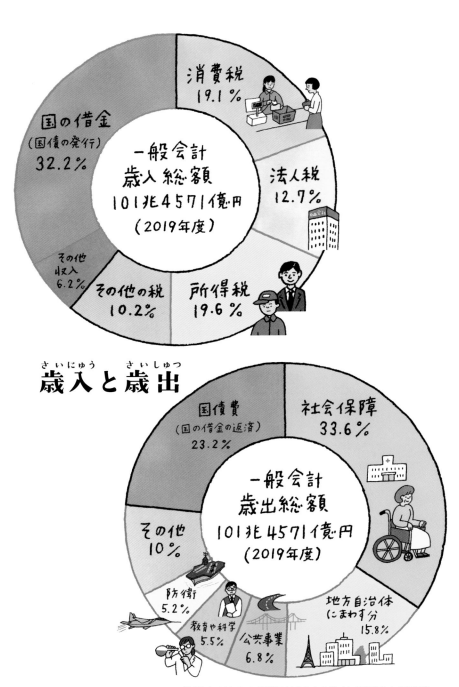

消費税
19.1 %

国の借金
(国債の発行)
32.2 %

一般会計
歳入 総額
101兆4571億円
(2019年度)

法人税
12.7 %

その他
収入
6.2 %

その他の税
10.2 %

所得税
19.6 %

歳入と歳出

国債費
(国の借金の返済)
23.2 %

社会保障
33.6 %

一般会計
歳出総額
101兆4571億円
(2019年度)

その他
10 %

防衛
5.2 %

教育や科学
5.5 %

公共事業
6.8 %

地方自治体
にまわす分
15.8 %

(『くらす、はたらく、経済のはなし』4巻〈大月書店〉から転載)

税金は社会を運営するために
みんなで出し合うお金

　税金は、国民が国や地方自治体のさまざまな公共サービスを受けるために、みんなで出し合うお金である。社会は税金で運営されており、国民には税金を払う義務がある（日本国憲法第30条 納税の義務）。

　国や地方公共団体の1年間の収入のことを「歳入」といい、支出のことは「歳出」という。歳入の6割以上が税金で、約3割以上が国債、つまり国の借金でまかなわれている（46p上のグラフ）。

　新しく税をつくるときや税の負担率を変えるきは、国会で法律として決めなくてはいけない（日本国憲法第84条）。私たちは、その国会議員を選挙で選んで、決定権を託している。

税金のいろいろ

　46pのグラフにある所得税はおもに働いて賃金を得た人が納める税金、法人税は会社が利益のなかから納める税金、消費税は買ったものにかかる税金、その他の税には財産を受け継ぐとかかる相続税、お酒にかかる酒税、たばこにかかるたばこ税、自動車税、輸入品にかかる関税などがある。こうした国税のほかに、都道府県税と市町村税がある。

国の支出の3分の1は社会保障費

　税金を何にどれだけ支出するかは、毎年政府が予算案を国会に提出し、国会で議論して決められている。私たちが納めた税金はどのように使われているのだろうか。

　46ｐ下のグラフを見てみよう。支出の3分の1は「社会保障費」に使われている。国民の健康や生活を守る年金・医療・介護・社会福祉費・生活保護などの支出だ。「公共事業」は、道路や橋、住宅・港湾・公園・水道・ごみの処理などの費用。「教育や科学」は、義務教育の教科書代や国立大学と私立大学の補助金、公立小中学校の教師の給料、宇宙開発や海洋開発などの費用である。

地方自治体にも税金がまわされる

　支出の15％は税金の収入が少ない地方自治体にまわされている（地方交付税）。支出の23％を占める国債費は、国が借りているお金（国債）の返済と利子を払うために使われている。

　消費税は10％だが、そのうち7.8％は国へ、2.2％は地方に割りあてられる。そのお金の使い道は法で決められていて（消費税法第1条2項）、国は年金・医療費・介護・少子化対策に、地方公共団体は社会福祉に使うことになっている。

すべての子どもに名前と国籍をもつ権利がある

- **国籍法 第2条**

  生まれた時の父または母どちらかが日本人であれば、日本国籍をもつ。

- **国籍法 第4条**

  外国人は、帰化することで日本国籍を取ることができる。法務大臣の許可を得なければならない。

- **国籍法 第14条**

  外国籍をもつ日本人は、22歳までにどちらかの国籍を選ばなければならない。

- **戸籍法 第16条**

  夫婦はどちらかの姓を登録する。

- **戸籍法 第49条1項**

  子どもが生まれたら、役所に出生届を14日以内に提出しなければならない（外国で生まれた場合は3か月以内）。

- **戸籍法 第49条の3項**

  医師、助産師などが出産に立ちあった場合に証明書を出さなければならない。

- **子どもの権利条約 第7条**

  子どもは生まれたらすぐに登録（出生届など）されなければならない。すべての子どもは名前と国籍をもつ。

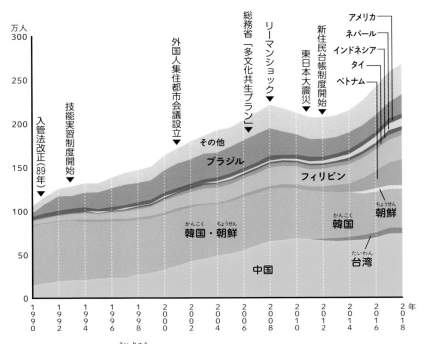

増え続ける在留外国人
（2018年・法務省）

グラフの縦軸: 万人、0〜300

グラフ中のラベル:
- 入管法改正（89年）▼
- 技能実習制度開始 ▼
- 外国人集住都市会議設立
- 総務省「多文化共生プラン」▼
- リーマンショック ▼
- 新住民台帳制度開始 ▼
- 東日本大震災 ▼
- アメリカ
- ネパール
- インドネシア
- タイ
- ベトナム
- その他
- ブラジル
- フィリピン
- 韓国・朝鮮（かんこく・ちょうせん）
- 韓国（かんこく）
- 朝鮮（ちょうせん）
- 台湾（たいわん）
- 中国

横軸（年）: 1990 1992 1994 1996 1998 2000 2002 2004 2006 2008 2010 2012 2014 2016 2018 年

**戸籍制度（こせきせいど）があるのは
日本と中国、台湾（たいわん）だけ**

子どもが生まれたら、14日以内に役所に出生届を出す

　子どもが生まれたら、14日以内に出生証明書（戸籍法第49条3項）を添えて、役所に出生届を（外国で生まれた場合には3か月以内）に提出しなければならない（戸籍法第49条1項）。

　子どもの権利条約でも、「子どもは生まれたらすぐに登録され（出生届など）、名前や国籍をもち、親を知り、親に育ててもらう権利がある」としている。登録がなければ、その子どもはこの世に存在しないことになってしまう。日本では戸籍のない人は1万人ともいわれる。ユニセフの調査では、世界で出生登録されていない5歳未満の子どもは4人にひとりもいる（2017年）。

　日本で暮らす外国人は増え続けている（50p上のグラフ）。両親とも外国籍の子どもの場合でも、出生届をだせば親の戸籍と住民票、国民健康保険に登録される。

戸籍制度は日本と中国、台湾にしかない

　戸籍には、親と子どもの関係が記録される。戸籍制度は中国や韓国など、アジアで広く採用されていたが、現在、残っているのは日本と中国、台湾だけで、中国は農村戸籍と都市戸籍に分けて管理している。ほかの国では、個人単位の登録が基本になっている。そのため、日本では外国人と結婚しない限り、夫婦別々の姓は認められていない（戸籍法第14条）。

両親のどちらかが自国民であれば国籍を与えられる（血統主義）

　国籍とは，その国の国民であるための資格のことだ。日本では、どちらかの親が日本人なら子どもは日本国籍で、外国で生まれても日本国籍をとることができる（国籍法　第2条）。

　日本のように親によって国籍が決まるのを「血統主義」と言い、日本のほかにアイスランド、イタリア、オーストリア、オランダ、ガーナ、ギリシャ、スウェーデン、スペイン、タイ、中国、韓国、デンマークなどがそうだ。エジプトやイラン、サウジアラビアなど、アラブの国々では父親が自国民である場合にのみ国籍を与えられる場合が多い。

 ## 親の国籍と関係なく生まれた国の国籍が与えられる（出生地主義）

　生まれたら自動的にその国の国籍になるのを「出生地主義」と言い、アメリカ、カナダなどの南北アメリカの国とバングラデシュ、パキスタン、フィジー、アイルランド、タンザニア、グレナダ、ザンビアなどがそうだ。

　日本国籍を持つ親から、アメリカなど出生地主義をとる国で生まれた場合には、日本と生まれた国の2つの国籍を持つことになる。しかし、日本は二重国籍を認めていないので、22歳までにどちらかの国籍を選ぶことになっている（国籍法　第14条）。

出典と参考文献

全体の法律について
- ◉ 電子政府の検索窓口
  https://elaws.e-gov.go.jp/search/elawsSearch/elaws_search/lsg0100/
- ◉ 子どもの権利条約全文　ユニセフ
  https://www.unicef.or.jp/about_unicef/about_rig_all.htm

5p.　切ってもいいかな？　となりから伸びてきた枝
- ◉ 落ち葉で作った堆肥　深谷市落ち葉銀行
  http://www.city.fukaya.saitama.jp/greenkingdom/1391581678586.html

9p.　道路の雪はだれが除雪するの？
- ◉ 積雪寒冷地域及び冬期道路交通の現状と課題　国土交通省
  www.mlit.go.jp/road/ir/ir-council/yukimichi/pdf/5.pdf
- ◉ 市民と行政の役割 札幌市雪対策概要2018年パンフレット
  https://www.city.sapporo.jp/kensetsu/yuki/huyumitiplan2018/huyumitiplan2018.html
- ◉ 道路WEB　http://www.douroweb.jp/

13p.　犬のふんをそのままにしておくと罰金をとられることがある
- ◉ 動物愛護管理条例制定状況　動物愛護管理行政事務提要(令和元年度版)　環境省
  https://www.env.go.jp/nature/dobutsu/aigo/2_data/statistics/gyosei-jimu_r01.html
- ◉ 栃木県動物の愛護及び管理に関する条例
  www.pref.tochigi.lg.jp/reiki/reiki_honbun/ae10103841.html
- ◉ 枚方市ポイ捨てによるごみの散乱及び犬のふんの放置の防止に関する条例
  犬のふんの放置防止対策について　枚方市のホームページ
- ◉ イエローチョーク作戦　https://www.env.go.jp/earth/ondanka/nudge/renrakukai02/mat03_3.pdf

17p.　燃やしていいの？　自宅のゴミ
- ◉ 廃棄物焼却に係るダイオキシン削減のための規制措置について　環境省
  www.env.go.jp/recycle/kosei_press/h970825a.html
- ◉ 学校におけるごみ焼却炉の使用取りやめ　文部科学省
  https://www.jstage.jst.go.jp/article/jec/22/4/22_193/_pdf/-char/ja

21p.　お金がなくても学校に行けます
- ◉ 保護者が負担する1年間の学習費　文部科学省
  https://www.mext.go.jp/b_menu/toukei/chousa03/gakushuuhi/kekka/k_detail/1399308.htm
- ◉ 生徒一人あたりの一年間の教育費　国税庁
  https://www.nta.go.jp/taxes/kids/hatten/page06.htm
- ◉ 高校生等への修学支援　文部科学省
  https://www.mext.go.jp/a_menu/shotou/mushouka/1344089.htm

25p.　登校しなくても、卒業できます
- ◉ 不登校児生徒の割合の推移　文部科学省
  平成30年度　児童生徒の問題行動・不登校等生徒指導上の諸課題に関する調査結果について
  https://www.mext.go.jp/b_menu/houdou/31/10/1422020.htm
- ◉ 夜間中学　政府広報オンライン
  https://www.gov-online.go.jp/useful/article/201601/1.html

29p.　親が子どもに暴力をふるうことは法律で禁止されている
- ◉ 『子ども法』大村敦志・横田光平・久保野恵美子 著／有斐閣／2016年
- ◉ 児童相談所での児童虐待相談対応件数　厚生労働省報告
  www.mhlw.go.jp/stf/houdou/0000190801_00001.html
- ◉ 職員(児童福祉司) 数　児童相談所関係資料 (pdf:1407KB) − 厚生労働省
  www.mhlw.go.jp/file/05-Shingikai.../0000104093.pdf

33p.　いじめは犯罪です、14歳以上は大人と同じ罰を受けます
- ◉ いじめの態様　文部科学省
  平成30年度 児童生徒の問題行動・不登校等生徒指導上の諸課題に関する調査結果について

37p.　スポーツには、してはいけないきまりがある
- ◉ 2014年　アンチ・ドーピング規則違反レポート
  https://www.playtruejapan.org/code/violation/dcision_world.html
- ◉ スポーツ界における暴力行為根絶宣言　公益財団法人日本スポーツ協会
  https://www.japan-sports.or.jp/about/tabid931.html

41p.　学校の環境と安全は法で守られている
- ◉ 小・中学校施設整備指針の改訂　文部科学省
  https://www.mext.go.jp/b_menu/shingi/chousa/shisetu/044/toushin/1414524.htm
- ◉ 学校の数　文部科学統計要覧　文部科学省
  https://www.mext.go.jp/b_menu/toukei/002/002b/1403130.htm
- ◉ 避難所に指定されている学校の防災機能の保有状況　文部科学省
  https://www.mext.go.jp/b_menu/hakusho/html/hpab201901/detail/1422161.htm

45p.　国民は税金を払う義務がある
- ◉ 歳入と歳出　国税庁　税の学習コーナー
  https://www.nta.go.jp/taxes/kids/oyo/page12.htm

49p.　すべての子どもには名前と国籍をもつ権利がある
- ◉ 国籍 Q&A　法務省　http://www.moj.go.jp/MINJI/minji78.html
- ◉ 在留外国人数の推移　法務省
  http://www.moj.go.jp/housei/toukei/toukei_ichiran_touroku.html
- ◉ 世界で5歳未満の子ども4人にひとり出生登録されていない　ユニセフ
  https://www.unicef.or.jp/news/2019/0179.htmlc
- ◉『国籍の？がわかる本』木下理仁 著／太郎次郎社エディタス／2019年
- ◉『日本の無戸籍者』井戸まさえ 著／岩波新書／岩波書店／2017
- ◉『家族と国籍』奥田安弘 著／明石書店／2017年

法律監修　笹本潤（ささもと・じゅん）

東京大学法学部卒、弁護士。日本国際法律家協会（JALISA）、アジア太平洋法律家連盟（COLAP）事務局長。国際平和や移民・難民、女性の権利にかかわる各種訴訟にとりくむ。主な著書『世界の平和憲法　新たな挑戦』（大月書店）。

編者　藤田千枝（ふじた・ちえ）

大学理学部卒。児童向けの科学の本、環境の本を翻訳、著述。科学読物研究会会員、著書に「くらべてわかる世界地図」シリーズ、訳書に「化学の物語」シリーズ（ともに大月書店）、「実物大恐竜図鑑」（小峰書店）、「フリズル先生のマジックスクールバス」シリーズ（岩波書店）「まほうのコップ」（福音館書店）ほか多数。

各巻の執筆者

① 増本裕江　② 坂口美佳子　③ 新美景子　④ 菅原由美子

人権と自然をまもる
法ときまり　**1**

くらしと教育をまもるきまり

2020年6月15日　第1刷発行
2021年8月31日　第2刷発行

法律監修　笹本　潤
編　者　藤田千枝
著　者　増本裕江
発行者　中川　進
発行所　株式会社 大月書店
　　　　〒113-0033 東京都文京区本郷 2-27-16
　　　　電話（代表）03-3813-4651　FAX 03-3813-4656
　　　　振替 00130-7-16387
　　　　http://www.otsukishoten.co.jp/

デザイン・イラスト・DTP　なかねひかり
印　刷　光陽メディア
製　本　ブロケード

ⓒ Fujita Chie, Masumoto Hiroe 2020
ISBN 978-4-272-40426-1 C8332　Printed in Japan
定価はカバーに表示してあります。
本書の内容の一部あるいは全部を無断で複写複製（コピー）することは法律で認められた場合を除き、著作者および出版社の権利の侵害となりますので、その場合にはあらかじめ小社あて許諾を求めてください。

［全5巻］

藤田千枝・編

①自然と生きもののねだん

②いのちと福祉のねだん

③くらしと福祉のねだん

④スポーツと楽しみのねだん

⑤リサイクルと環境のねだん

⑥戦争と安全のねだん

●定価各2000円（+税）

いくらかな？

社会がみえる
ねだんのはなし

くらす、はたらく、
経済のはなし

［全5巻］

山田博文・文　赤池佳江子・絵

●定価各2000円（+税）

①経済とお金のはじまり　②銀行の誕生と株式のしくみ

③会社のなりたちとはたらくルール　④経済のしくみと政府の財政

⑤経済の主人公はあなたです